Lo Que La Biblia Enseña En Cuanto A Tomar Vino

Por
Dr. Bruce Lackey

Traductor: Dr. Bob C Green

Lo Que La Biblia Enseña En Cuanto A Tomar Vino

Por
Dr. Bruce Lackey

Traductor: Dr. Bob C. Green

ISBN: 978-1-7351454-4-0
Traducción al español del libro:
"What the Bible Teaches About
Drinking Wine"
Por
Dr. Bruce Lackey

La versión en español fue traducido y editado por
Dr. Bob C Green (Hermano Roberto)
Con el permiso de **Helen Lackey, Viuda**

"Lo Que La Biblia Enseña En Cuanto A
Tomar Vino"

Una Introducción:

Porque la versión en Ingles de este libro se basa en la King James Bible, traducida en 1611, algunas de las palabras que se usaron en el año de traducción no son las que se usan en la traducción y revisión de la Biblia Reina Valera. Las palabras en uso actualmente no cambian el significado, ni la verdad enseñada.

La Biblia de 1611 y aun la traducción al español (Reina Valera, 1609) y, las revisiones usan palabras **"genéricas"** (generales, no especificas). Reconociendo el uso y el significado de estas palabras genéricas, los revisionistas optaron por usar palabras más específicas. El significado específico casi siempre se entiende viendo el uso de la palabra en **el contexto del versículo o pasaje.**

Dr. Lackey, durante su vida y ministerio, y su servidor Roberto Green, tienen la convicción de que la Biblia King James es la Palabra de Dios, inspirada, preservada y sin error, y que es la Biblia para los de habla Ingles. Aunque este librito se escribe en español, la base principal para el estudio es la Biblia King James, y unas palabras originales del hebreo y del griego.

Lo Que La Biblia Enseña En Cuanto A Tomar Vino.

Hace tiempo los periodos alrededor del país (EE.UU.) reportaron los comentarios de un predicador famoso sobre el tema de tomar socialmente el vino alcohólico. El predicador dijo, "Yo no creo que la Biblia enseña que tenemos que abstenernos totalmente de tomar vino alcohólico. Yo no puedo creer eso; Jesús tomaba vino. Jesús convirtió el agua en vino en las bodas de Canaán. Ese vino no fue solo jugo de uvas, como algunos proclaman."

Claro, muchas personas mantuvieron (y mantienen) esa opinión, pero que triste el día cuando un predicador de la Biblia declaró tener esa opinión. Ese error nos obliga a buscar en la Biblia la enseñanza sagrada y verdad sobre tomar vino.

Otra razón porque debemos hacer este estudio tan importante es porque, a pesar de la reducción en la cantidad de las "bebidas fuertes" que se toman, hay un aumento en la cantidad de vino que se toma hoy día. Note: Lamentablemente ha habido un aumento significante en cuanto a la cantidad de bebidas alcohólicas que se toman en estas décadas después de la muerte de Dr. Lackey. Más cristianos ahora toman bebidas alcohólicas.

Para llegar a la verdad debemos considerar los siguientes hechos bíblicos.

4

1. La Biblia da una advertencia en cuanto al mal uso o incorrecto de las palabras. En **2 Pedro 2** se nos dice que en los últimos días podemos esperar que haya personas que tuercen las "palabras de Dios." En el versículo **uno** Pedro dice, "Pero hubo también falsos profetas entre el pueblo, como habrá entre vosotros falsos maestros..." Luego en el versículo **tres** él revela cual método usarán: "y por avaricia harán mercadería de vosotros con palabras <u>fingidas.</u>

Debe considerarse la frase, "palabras fingidas." La palabra "fingida" significa, sencillamente "fabricadas," o que la palabra es obligada a decir lo que uno desea que diga, a pesar del significado verdadero; mal usado; eso es, usar una palabra buena pero con un significado erróneo. Pedro nos dice que ese método se usa por los falsos profetas para "hacer mercadería de vosotros."

El versículo **18** del mismo capítulo da más detalles: "Pues hablando palabras infladas y vanas, seducen con concupiscencias de la carne..." Las palabras "infladas" (arrogancia) son palabras que se han ampliado mas allá de su significado normal y se la ha dado significado erróneo y no el significado original o normal.

Los que tienen conocimiento de los métodos que usan las sectas falsas, pueden testificar que esos métodos siempre han sido la táctica de las sectas. Ellos toman buenas palabras bíblicas como, "nacer de nuevo... la salvación... el infierno" y las dan definiciones nuevas conforme a su enseñanza errónea. Podemos esperar que este método siga siendo usado mucho.

2. Para aprender el significado correcto, o definición verdadera de las palabras hay que obedecer **1 Corintios 2:13**. El significado o sentido de una palabra bíblica puede aprenderse solamente por comparar Escritura con Escritura. Algunas veces aceptamos la definición de una palabra como la encontramos en un "diccionario," Cuidado, porque no siempre son definiciones bíblicas. Debemos recordar que el diccionario da la definición de la palabra basándose en el uso actual de palabras. Sin embargo, podemos buscar la palabra en una Concordancia Bíblica como la de Strong. De esta forma podemos hallar cuantas veces y en cuales pasajes se usa una palabra. También podemos hallar la definición bíblica verdadera de una palabra. Se puede ver también en los diferentes "contextos."

Este es el principio ensenado en **1 Corintios 2:13.** El versículo dice, "... lo cual también hablamos, no con palabras ensenadas por sabiduría humana, sino con las que ensena el Espíritu Santo, acomodando lo espiritual a lo espiritual." Cuando uno estudia la Palabra de Dios, una buena Concordancia es de mucho valor. La Concordancia da la definición de las palabras hebreas y griegas.

3. Algunas palabras en la Biblia son **"genéricas"** y eso significa que son palabras generales y no especificas. En la Biblia King James vemos una palabra genérica en **Génesis 1:29.** La palabra es "carne" u "*okla*" en el hebreo. Cuando pensamos en la palabra "carne" normalmente pensamos en algo como el jamón, carne de res, o pescado; pero cuando la Biblia usa esta palabra como en este versículo y otros pasajes, la usa para referirse a "comida." En este versículo, obviamente, significa comida y no carne. El hebreo se dice, "...toda planta que da semilla, que está sobre la tierra, y todo árbol; en que hay fruto y que da semilla; í os será para "carne" o comida! En el versículo 30 la palabra *okla* (carne o comida) tiene el mismo significado: "... toda planta verde les será para comer."

La misma idea se da en **Levítico 2** donde Dios dio la ley en cuanto a la ofrenda de *curban (#7133, ofrenda, carne, comida).* La "oblación" que se ofreciere seria con "flor de harina." "Cuando alguna persona ofreciere oblación a Jehová, su ofrenda será flor de harina, sobre la cual echará aceite, y pondrá sobre ella incienso, y la traerá a los sacerdotes..." Es obvio que las palabras son genéricas y no especificas. Son diferentes palabras que se usan para referirse a algo que es "comida." En estos ejemplos la definición es "comida y no de carne." (No es de carne o como en la Biblia King James *meat).* Es necesario reconocer que la palabra inglesa "meat" es una palabra genérica que se usa para referirse a "comida". En la Reina Valera, una revisión más moderna se usa la palabra "comida".

Juan 4:32 de la Biblia King James usa la palabra genérica "meat" también. En la Reina Valera se usa la palabra comida. El Señor Jesucristo dijo: "Yo tengo una comida que comer, que ustedes no sabéis."

En la versión King James se usa la palabra "maíz" (grano) que es una palabra genérica. Correctamente cuando hablamos de (corn en Ingles) harina de maíz estamos hablando del grano que llamamos "maíz". Originalmente está palabra genérica se usaba para varias formas de granos (cereales, trigo, avena, etc.). Varios pasajes manifiestan eso. **Números 18:27** habla del "grano de la era, y como producto del lagar". Como todo agrónomo sabe, "no se trilla el maíz". El trigo, avena, y otros granos se trillan. La palabra aquí se usa en el sentido genérico para referirse a otros granos.

En **Job 24:24** se menciona "...y cortados como cabezas de espigas". Es claro que el pasaje habla de personas, pero se llaman maíz en el texto hebreo, y sabemos que maíz no crece encima del tallo. Otros granos (trigo, etc.) si crecen encima.

En **Juan 12:24** tenemos el versículo más convincente. "...que si el maíz (grano, semilla, hebreo, *kokkos*) de trigo no cae en la tierra y muere, queda solo..." Durante muchos años tuve problema con este pasaje porque no entendía que la palabra "grano" (maíz) es una palabra genérica. Yo creí que solo era maíz o "corn". Hoy día la versión (revisión) Reina Valera dice, "un grano de trigo." Si logramos entender que una palabra puede usarse para referir a varias cosas, podemos entender que <u>la palabra genérica "vino" puede</u>

usarse para referirse a varios productos hechos de la uva.

Hemos visto dos palabras genéricas: carne (meat) y maíz (corn). Hubiéramos mencionado también, cerveza, sidra; cereal, y muchas palabras más.

Note: Yo quisiera dejar bien clara la enseñanza de estas páginas. Quizás se siente un poco confuso. A ver si puedo aclarar la cosa usando otra ilustración. Ante todo hay que recordar y entender que **la palabra "vino" es una palabra genérica o general y que se usa en la Biblia para referirse tanto al jugo no fermentado de la uva, como a bebidas alcohólicas hechas de la uva. Porque se usa de una bebida alcohólica una vez no quiere decir que siempre significa una bebida fermentada, alcohólica.**

Para aclarar esto permíteme usar la **palabra genérica**, "avión". Todos usamos esta palabra general para hablar de los aparatos que suben y vuelan. Usamos la palabra para referirnos a toda clase de aeronave; avioneta, avión de pasajeros, avión de guerra, aviones de carga, etc. Cuando decimos avión, normalmente o designamos cual clase o **el contexto** de la conversación revela cual clase de avión. Si uno va de viaje no va en avión de guerra. Es avión, pero no lleva pasajeros. De esta misma manera podemos entender si el significado de la palabra "vino" es jugo o alcohol.

Propongo que la palabra bíblica "vino" es una palabra genérica o general. Significa "jugo de uva" aunque el jugo puede ser jugo fresco (dulce), nuevo, o viejo, fermentado o no fermentado, alcohólico o no alcohólico. Hay cantidad de veces en la Biblia cuando definitivamente se usa para el jugo fresco de uva. La enseñanza que sigue nos presentará casos y manera de determinar su significado especifico.

4. La palabra vino, algunas veces significa jugo fresco. En **Deuteronomio 11:14** se dice, "... yo daré la lluvia de vuestra tierra a su tiempo, la temprana y la tardía; y recogerás tu grano, tu vino y tu aceite." Todo el mundo sabe que una persona no recoge vino alcohólico de la vid. Aunque las uvas se pudran en la vid o el pámpano, el jugo solo seria amargo, acido (vinagre) pero no alcohólico. Por lo tanto la palabra "vino" en este pasaje significa uvas frescas y jugo fresco.

2 Crónicas 31:5 dice algo similar. "...los hijos de Israel dieron muchas primicias (primeros frutos) de grano, vino, aceite, miel, y de todos los frutos de la tierra;…" La palabra "primicias" muestra que dieron de los primeros productos maduros o cosechados. También el versículo comienza con las palabras, "Y cuando este edicto fue divulgado los hijos de Israel trajeron y dieron…" ¡Importante notar que no hubo ningún lapso de tiempo, suficiente para que las uvas se fermentaran o para el proceso de convertirse el jugo en vino alcohólico; El escritor inspirado llama los primeros fruto de la vid, vino!

Nehemías 13:15 da el mismo significado. "En aquellos días vi en Judá a algunos que pisaban en lagares en el día de reposo, y que acarreaban haces, cargas, y cargaban asnos con vino, y también de uvas, de higos y toda suerte de carga." Por medio de pisar las uvas en lagares sacaban el jugo de las uvas, pero no era jugo alcohólico. Sin embargo se usa la palabra "vino". Es entonces otro caso cuando usaron la palabra genérica "vino" para referirse al jugo fresco de uva.

Proverbios 3:10 promete, "… Y serán llenos tus graneros con abundancia, y tus lagares rebosarán de mosto (vino, jugo fresco de uvas)." Si uno podría sacar jugo de uvas ya alcohólico, la gente no gastaría las grandes cantidades necesarias de dinero para construir las destilerías costosas, ni hacer los experimentos buscando las maneras mejores para producir el vino alcohólico. <u>Cuando la Biblia menciona "vino" que sale de lagares, obviamente está hablando de el jugo fresco de uvas.</u>

Isaías 16:10 "...no pisará vino en los lagares el pisador; he hecho cesar el grito del lagarero." Otra vez la palabra vino significa solo jugo fresco de uva.

Isaías 65:8 habla aun más definido: "Así ha dicho Jehová; Como si alguno hallase mosto en un racimo..." Casi cualquier sabe que no hay vino alcohólico en las uvas que están todavía en el racimo. La palabra vino traducido mosto significa "jugo de uvas."

Jeremías 48:33, "...y de los lagares haré que falle el vino; no pisarán con canción..."
Una vez más se usa la palabra vino pero el sentido común nos obliga a admitir que no puede ser vino fermentado o alcohólico.

1 Timoteo 5:23. Las palabras de esta Escritura presentan un problema para algunas personas. Pablo recomienda a Timoteo, "... sino usa de un poco de vino por causa de tu estomago y de tus frecuentes enfermedades." Muchas personas que toman vino alcohólico buscan justificar su costumbre con estos versículos y insisten que aquí la Biblia da el privilegio, si no un mandato, de usar el vino alcohólico como una medicina. Sin embargo esto no puede ser una referencia al vino alcohólico. ¿La razón? Pablo dice específicamente a Timoteo, "usa de un poco de vino por causa de tu estomago..." Obviamente Timoteo tenía una enfermedad del estomago y <u>cualquier médico dirá que una persona como Timoteo debía abstenerse de las bebidas alcohólicas.</u> Este escritor ha sufrido bastantes problemas del estomago durante los años y he consultado con varios médicos. Los médicos siempre recomienden la observancia de una variedad de dietas y restricciones. En cada caso me advirtieron absolutamente, "no tomar bebidas alcohólicas."

<u>Si nosotros hoy día sabemos eso, seguramente el Espíritu Santo, El que inspiró a los escritores bíblicos como Pablo, y el Gran Medico lo sabia cuando inspiraron a Pablo a escribir estos versículos.</u>

No sabemos cuáles fueron las enfermedades de Timoteo, ni sabemos cuáles eran los poderes para sanar que se hallaban en el jugo de uva. Es posible que Pablo decía indirectamente que

Timoteo no debía tomar el agua porque no era puro y que podría causar que una persona sana se enferme de amibas, etc. Una persona que ya tenía problemas del estomago multiplicaría sus problemas al tomar agua no puro. De todos modos podemos estar bien seguro que Pablo no le decía que tomara vino alcohólico como medicina para el mal de estomago. En el Medio Oriente y muchos otros lugares en el mundo, es reconocido que no tienen agua potable puro.

5. El **contexto** del versículo o el pasaje siempre demuestra cuando la palabra "vino" debe entenderse como una bebida alcohólica. En estos casos Dios nombra los resultados malos del vino alcohólico y da advertencia. En **Génesis 9:21** tenemos el ejemplo de Noé y su experiencia con el vino fermentado. El versículo 21 dice, "...y bebió del vino y se embriago..." Las palabras claramente indican que tomó vino alcohólico. Sabemos que el vino que tomó era alcohólico porque se embriago y estando en esa condición, se permitió que su hijo menor viera su desnudez. El significado de lo que paso por la embriaguez de Noé pasa más allá de solo verse sin ropa. Era tal el pecado, que Noé pronunció una maldición sobre su hijo Cam.

Proverbios 20:1 dice algo similar cuando nos advierte, "El vino es escarnecedor, la sidra alborotadora, y cualquiera que por ella yerra no es sabio." El vino alcohólico se burla y la sidra alcohólica engaña a quienes los tomen."

El vino alcohólico engaña; ¿Pero cómo? Las bebidas alcohólicas y la gente que las recomiendan son engañadoras cuando dice, "Tomar un poco no es malo." Casi todos admiten que tomar mucho es malo; y aun las empresas que producen las bebidas alcohólicas (vino, cerveza, licor, etc.) animan a las personas a "tomar en moderación y no tomar y manejar vehículos a la vez". Dicen que uno debe tomar "responsablemente". Ellos insisten que tomar un poco no es malo.

En esa propaganda se ve el engaño y decepción. ¿Quién sabe o puede decir con certeza cuánto es un poquito? Algunas personas se afectan con tomar solo una onza, mientras para otras personas sería necesario tomar más para sentirse borracho (buzz). Cada individuo reacciona al alcohol diferentemente, dependiendo de la cantidad de comida que hay en el estomago – y otros factores. La idea engañadora es que "tomar un poquito no es malo ni dañino." La Biblia dice que el individuo que ignora o que no hace caso a **Proverbios 20:1**, no es sabio. Desafortunadamente el hombre ha creído más inteligente y sabio que el Creador. ¿Cuántos dicen, "Esto no me pasará a mi; yo sé cuando dejar de tomar." Ningún borracho comenzó con un poquito diciendo, "Voy a convertirme en un borracho." La bebida alcohólica es engañadora.

Proverbios 23:30-31 refiere a vino fermentado porque en los versículos anteriores se nos dice que para los que toman vino alcohólico habrá, "ay, dolor, rencillas, quejas, heridas y lo amoratado de los ojos... para los que detienen mucho en el vino... los que van buscando la mistura." Esta es una descripción grafica de los que "detienen mucho" en el vino (alcohólico). Los versículos 32-35 siguen con la descripción. Otra vez confirmamos que el contexto siempre aclara y define cuando la palabra "vino" debe entenderse como vino alcohólico. ¡**La palabra "vino" no siempre indica una bebida alcohólica!**

Si la palabra vino puede significar jugo fresco de uva o una bebida alcohólica; ¿Cómo podemos saber cuál de los dos? Esta situación no debe causar confusión. En algunos idiomas y en el idioma "ingles," por ejemplo, hay varias palabras que letrean igual pero tienen tres significados. Un ejemplo: la palabra saw. 1. Esta palabra se usa para una herramienta (serrucho) que se usa para cortar (saw) madera. 2. También se usa de la acción de cortar (saw) una materia como madera o metal. 3. Se usa también de "haber visto (saw) algo. Supongamos que un extranjero lee estas tres palabras y pregunta, ¿Cómo puedo saber que significa la palabra en este caso? ¿Es cortar algo, la herramienta que se usa para cortar, o el hecho de haber visto algo? La respuesta obvia es "averiguar cómo se usa la palabra. "Cortar (saw) la madera es algo muy diferente al hecho de haber visto (saw) la madera. El contexto revela el significado de la palabra.

Este método de averiguar el significado de las palabras, es muy importante en cuanto a palabras bíblicas. El contexto define todo. Usando este método facilita saber cuándo es vino, jugo fresco de uva y cuándo es vino, bebida alcohólica.

6. **La Escritura advierte en cuanto a tomar vino alcohólico.** Hay una enseñanza consistente en cuanto a eso, tanto en el Antiguo Testamento (hebreo) y en el Nuevo Testamento (griego). Los pasajes **(Proverbios 20:1; y 23:29-35)** mencionados previamente son ejemplos de las advertencias en cuanto a tomar alcohol. El

versículo **32** dice al final, "Mas al fin como serpiente morderá y como áspid dará dolor." El versículo **33** muestra que causa que uno mire cosas extrañas, quizás hasta mujeres que no son su esposa y además decir cosas perversas o cosas que no diría si no fuera borracho. El versículo **34** predice que produce "muerte" tal como ahogarse (en el mar) o de soledad como estar en la punta de un mastelero. El versículo **35** advierte de "la pérdida del sentido" (me azotaron) y de la adicción (cuando despertare, aun lo volver" a buscar).

Proverbios 31:4-5 enseña, "No es de los reyes, oh Lemuel, no es de los reyes beber vino, ni de los príncipes la sidra *(fermentada):* No sea que bebiendo olviden la ley, y pervierten el derecho de los afligidos. El peligro es obvio.

A propósito, los versículos 6&7 en este capítulo nos da lo que era un uso permitido de la bebida alcohólica. "Dad la sidra al desfallecido, y el vino a los de amargado animo. Beban, y olvídense de su necesidad *(pobreza)*, y de su miseria no se acuerden mas." La bebida alcohólica se usaría, en esos casos, como una analgésica; algo para quitar el dolor. Esto no se aplica a todos; él dice en el versículo 6, "al desfallecido o él que está por perecer." Es seguro que no tuvieron todos los medicamentos que hay disponible hoy para aplacar o quitar el dolor. Hoy hay cantidad de analgésicas. En la antigüedad solo tuvieron disponible algunas formas de bebidas alcohólicas. El alcohol sirve para deprimir; no sirve como estimulante como algunos cree. Para estimulante tenemos las cosas que contienen cafeína.

Después de tomar varios tragos o porciones de bebida alcohólica uno se siente mareada o con vértigo; y después se desmaya. Así que este pasaje enseña que el alcohol seria <u>solo para la persona a punto de morir; no habría esperanza de vivir.</u> El propósito era disminuir su dolor y ayudarle olvidar su miseria.

Otro pasaje es **Isaías 5:11**; "¡Ay de los que se levantan de mañana para seguir la embriaguez; que se están hasta la noche, hasta que el vino los enciende! El jugo fresco o dulce de uva no enciende. ¿Por qué el escritor dice lo que dice? "¡Ay de los...! En el versículo 12 contesta, "...y no miran la obra de Jehová, ni consideran la obra de sus manos." Casi todo el mundo reconoce que <u>cuando uno se entrega a tomar alcohol, no será más espiritual (piadoso); no tendrá hambre por Dios, ni tendrá deseo de aprender más de la Palabra de Dios;</u> al contrario, el tomar alcohol le causa ignorar al Señor. Pero, los versículos 13-14 revelan dos resultados muy serios: la gente entran en cautividad (se convierten en esclavos a algo o a alguien), y el infierno se ensancha su interior. Tomar el vino alcohólico causa el Seol (palabra hebrea para el infierno) a ensancharse. Dios no quiere que nadie vaya al infierno (2 Pedro 3:9); Él ha dado el regalo más grande y precioso que Él podría dar, para salvar o rescatar a los pecadores de las llamas del infierno (Apocalipsis 20:13-15). Dios no creó al infierno para los seres humanos. El Señor Jesucristo mismo dijo que el infierno se preparó para el diablo y sus ángeles (Mateo 25:41. A pesar de esto, por causa del alcoholismo el infierno se ha ensanchado. Esta es una advertencia clara y seria. ¡Dios no quiere que nadie vaya al infierno! Véanse: 1 Corintios 6:10; Gálatas 5:21.

Isaías 28:7-8 añade su advertencia. "Pero también éstos erraron con el vino, y con sidra se entontecieron; el sacerdote y el profeta erraron con sidra, fueron trastornados por el vino; se aturdieron con la sidra, erraron en la visión, tropezaron en el juicio. Porque toda mesa está llena de vomito y suciedad, hasta no haber lugar limpio."

¡Cual escena más trágica! Aun en los días de Isaías los sacerdotes y los profetas se daban a tomar vino alcohólico. Así que vemos que no es nada nuevo tener predicadores y religiosos que recomienden a la gente tomar vino alcohólico. Unos 600 años antes de Cristo el alcoholismo existía en la religión.

7. **El vino alcohólico no es el resultado de un proceso natural.** Muchas personas creen que si. Según los expertos, existe en las uvas en los pámpanos un tantito se levadura y azúcar, pero no es suficiente para convertir el jugo que hay en la uvas no cosechadas, en alcohol. **¡Recuerde que la uva está todavía en la vid!**

La levadura es necesaria para producir la fermentación. La uva que no se cosecha; si se deja en la vid solo se pudre y se echa a perder. Las empresas que producen el vino alcohólico comercialmente tienen que añadir levadura, azúcar y agua en cantidades medidas y correctas si el jugo fresco de uvas ha de convertirse en vino alcohólico. Ese vino llega a tener un porcentaje fuerte de alcohol.

Yo creía que si uno tomara el jugo fresco de una y lo dejaba solo y sin refrigeración (de 45° - 75°) que al pasar el tiempo, se convertiría en vino alcohólico. Hay varias razones porque eso no es correcto. Primero, si uno podría producir el vino alcohólico por solo dejar el jugo fermentarse, por sí solo, ¿Por qué los viñateros construyen destilerías costosas para producir el vino que venden? ¿Por qué no conseguir unos jarros de galón y llenarlos con el jugo de uvas y esperar? La respuesta es otra vez obvia. Convertir el jugo fresco en vino alcohólico requiere más que tiempo. El proceso de convertir el jugo en vino no es resultado de un proceso natural.

Es lógico que Dios no hizo el alcohol natural porque todo lo que Él hizo es "bueno" (Génesis 1:29-31). El hombre pecador ha aprendido hacer muchas cosas buenas y malas.

En segundo lugar, como ya se ha dicho en la página anterior, los viñateros saben que hay que tener las cantidades de agua, azúcar, levadura, y que la temperatura debe ser exacta para producir el vino. Guardar el jugo en refrigeración impediría que el jugo fermentara, porque la temperatura no sería correcta. También, guardar el jugo en un ambiente tropical y caliente impediría el proceso.

En los tiempos antiguos antes de que hubiera refrigeración y la habilidad de sellar en vacio, la gente aprendió preservar el jugo fresco de uva sin convertirlo en vino alcohólico. Muchas gentes en el Medio Oriente, Grecia y Roma, pondrían el jugo a hervirse hasta por deshidratarse se convertiría en un jarabe espeso. De esta manera lograron preservarlo durante largo tiempo; hasta dos años o más. Cuando listos para tomar el jugo añadirían agua hasta lograr el jugo deseado. Hicieron esto así como nosotros hoy día añadimos agua a los jugos concentrados y congelados. No era necesario que toda la gente tomara vino fermentado como una bebida de mesa como algunos insisten. Ese proceso de deshidratar al jugo les permitía preservar el jugo fresco para ocasiones futuras.

Recomiendo la lectura del libro *"Bible Wines and The Law of Fermentation"* por William Patton. Se puede pedir de Amazona. Hacia más de cien años ese predicador era el único de su pueblo que creía en la abstinencia total de las bebidas alcohólicas. Él reconoció la necesidad de hacer un estudio profundo y extenso sobre el tema y para ver cuál era la enseñanza verdadera de Las Escrituras. El libro del Pastor Patton es lo mejor que he leído sobre el tema.

8. **Jesús no tomaba, ni hacia vino alcohólico.** En seguida presentamos diez pruebas de eso, que se hallan en la Escritura.

La primera prueba: La naturaleza de Jesús era de santidad. Él es Santo en todo. En **Hebreos 7:26** leemos que el Señor
Jesucristo es, "… sumo sacerdote santo, inocente, sin mancha, y apartado de los pecadores." Sin duda, El Salvador, siendo Dios encarnado, posee una santidad que pudo observarse por el observador casual. Los soldados profanos que se enviaron para llevarle preso dieron su razón o explicación de por qué regresaron sin tomarle preso. "Los alguaciles respondieron, ¡Jamás hombre alguno ha hablado como este hombre." **(Juan 7:46).** Las palabras de Jesús eran diferentes: Él, sin duda tuvo una apariencia, carácter, y manera de hablar muy santo.

¿Por qué es tan importante eso? Considere esta ilustración: La palabra "cidra" puede usarse para una bebida alcohólica, o el jugo de manzana simple. Supongamos que vivimos en los años de "La Prohibición" en EE.UU. cuando era ilegal tomar bebidas alcohólicas. Dos personas se acercan a nosotros y nos ofrecen una bebida de cidra. Una de las personas es un hombre muy piadoso (santo). Él es fiel a la casa de Dios, separado del mundo, diligente en la oración y siempre tenía buen testimonio cristiano en el pueblo; el otro hombre era un vendedor de licor. Si los dos nos ofrecen un trago de cidra podríamos suponer que lo que ofrece el hombre piadoso y santo, seria jugo de manzana sin alcohol, pero, no habría duda en cuanto a lo que ofrece el vendedor de licor. ¡Seria cidra fuerte con alcohol! **El carácter de una persona afecta lo que hace!**

Como el Señor Jesucristo era y es santo, inocente, sin mancha, y apartado de los pecadores, podemos presumir y saber con seguridad que Él no produciría lo que en la Escritura es llamado escarnecedor y engañador de hombres y lo que causa tanta miseria.

La segunda prueba: Cristo no haría nada para negar o contradecir la Escritura. En **Mateo 5:17-18** Cristo dijo claramente, "No penséis que he venido para abrogar la ley o los profetas; no he venido para abrogar (*destruir*), sino para cumplir. Porque de cierto os digo que hasta que pasen el cielo y la tierra, ni una jota, ni una tilde pasará de la ley, hasta que todo se haya cumplido." Por eso, Cristo no podría invalidar o contradecir lo escrito en **Habacuc 2:15**, "¡Ay del que da de beber a su prójimo! ¡Ay de ti, que le acercas tu hiel, y le embriagas para mirar su desnudez."

Jesucristo es la Palabra Viva de Dios, y Él ciertamente sabía lo que dicen estos versículos de la Biblia; Él tenía conocimiento pleno de la Escritura, porque es Su Palabra y fue dada por Él. ÉL no vino a violar la Escritura, sino para cumplirla. Si Él hubiera hecho vino fermentado y lo hubiera dado a los hombres, Él hubiera negado y violado la Escritura.

Algunas personas que quieren excusar su costumbre de tomar bebidas alcohólicas, hallan falta con este versículo en **Habacuc 2:15.** Esas personas dicen que la verdad del versículo debe aplicarse solamente a las personas que dan vino alcohólico a su prójimo con el propósito de ver la desnudez de su prójimo. Estos individuos por tomar y dar de beber bebida alcohólica a otros se identifican con las personas de 2:15. La Biblia dice en **1 Tesalonicenses 5:22**, "Absteneos de toda especie de mal." Debemos evitar situaciones que podrían dar una impresión falsa o situaciones que pueden interpretarse como cosa mala. El Señor Jesucristo no hubiera hecho nunca algo que le asociara con una actividad vil como la que se menciona aquí. La santidad de Cristo es razón suficiente para que nosotros, los seguidores de Él, evitemos esa maldad.

La tercera razón se halla en **Levítico 10:9-11** donde Dios manda al sacerdote de Dios, "Tu, y tus hijos contigo, no beberéis vino ni cidra... para poder discernir entre lo santo y lo profano, y entre lo inmundo y lo limpio, y para enseñar a los hijos de Israel todos los estatutos que Jehová les ha dicho por medio de Moisés." Porque en **Hebreos 2:17** Cristo es llamado "fiel sumo sacerdote en lo que a Dios se refiere, para expiar los pecados del pueblo," podemos esperar que Él obedecería toda la Escritura que tiene que ver con el tema.

Si Cristo hubiera hecho vino alcohólico o si Él hubiera tomado vino alcohólico, Él hubiera desobedecido los versículos de Levítico 10:9-11, y hubiera quedado descalificado de ser maestro que enseñaba los estatutos de Dios.

La cuarta razón se halla en un pasaje que ya consideramos: **Proverbios 31:4-5** prohíbe a los reyes y príncipes tomar bebida alcohólica o bebidas fuertes (cidra, licor, etc.). Si ellos tomaran, su juicio seria pervertido. Era necesario que Cristo obedeciera estos versículos también, ya que Él es el Príncipe de Paz (Isaías 9:9) y Rey de Reyes **(Apocalipsis 19:16)** y SEÑOR DE SEÑORES. En

Mateo 27:11, Él admitió que es el Rey de los Judíos. Él entró en Jerusalén en un pollino, hijo de asna para cumplir **Zacarías 9:9**. "...da voces de júbilo, hija de Jerusalén; he aquí tu rey vendrá a ti, justo y salvador, humilde, y cabalgando sobre un asno..." Siendo rey, era necesario que Él obedeciera la enseñanza de Proverbios 31: 4-5.

La quinta razón: Cristo no vino para engañar o burlarse de la gente. **Proverbios 20:1** dice que el vino hace las dos cosas. ¡CRISTO vino a SALVAR!

La razón número seis: Cristo no vino a enviar las personas al infierno. Ya hemos visto en **Isaías 5:11-14** el hecho de que el infierno se ha ensanchado por razón de que se toman las bebidas alcohólicas. **Cristo no vino para enviar personas al infierno ni para participar en los pecados que condenan** a la gente. Mire lo que dice **Juan 3:17**, "Porque no envió Dios a su hijo al mundo para condenar al mundo, sino para que <u>el mundo sea salvo por él.</u>"

La razón número siete: <u>Cristo no vino para ser una piedra de tropiezo,</u> ni a poner una delante de nadie. **Romanos 14:21** enseña que la persona que da a otro vino alcohólico, precisamente, pone una piedra de tropiezo delante de otro. "Bueno es no comer carne, ni beber vino, ni nada en que tu hermano tropiece, o se ofenda o se debilite."

Los que han estudiado el problema del alcoholismo han aprendido que algunas personas no pueden tomar ninguna cantidad de alcohol sin sufrir malas experiencias, mientras otras personas pueden tomar socialmente dos o tres tragos y dejar de tomar. Los expertos ignoran porque es así. Ellos presentan varias teorías, pero ninguna de esas teorías se ha confirmado en todas las personas o casos. Algunos proponen que es una reacción "química"; otros insisten que tiene que ser una reacción sicológica. La verdad es que no se sabe con certeza. En cualquier grupo de personas, habrá algunos que son, potencialmente, alcohólicos. Que penoso seria que una persona candidato para esclavizarse al alcohol recibiera su primera porción de alcohol en una bebida dado por una persona, supuestamente, cristiana; o en una iglesia que sirve vino fermentado (alcohólico) en la copa de la Comunión o la Cena del Señor. Que horrible pensar que así se comenzara una vida de miseria que podría fácilmente terminarse en la muerte alcohólica.

Seguramente no quisiera que mis hijo o nietos probaran por primera vez el alcohol en una comida familiar nuestra; ni en la iglesia. Uno o más podría ser un candidato para alcohólico. Como evidencia de que eso es posible, debemos considerar que algunas religiones que sirven vino alcohólico en la copa de Comunión tienen clínicas y asilos para ayudar a sus sacerdotes alcohólicos superar su adicción.

Se puede decir con certeza absoluta que **Cristo no vino a causar la caída de nadie.**

<u>**La octava razón:**</u> En **Juan capítulo 2** donde se relata que se convirtió agua en vino, ¿se requiere que el vino sea alcohólico? Algunos que, buscan, quizás, apoyo bíblico para la práctica de tomar vino alcohólico, insisten que era vino fermentado. Su opinión se basa en las palabras del versículo **10** de ese capítulo. El versículo dice que los invitados a las bodas comentaron, "...y le digo: Todo hombre sirve primero el buen vino, y cuando ya han bebido mucho, entonces el inferior; mas tú has reservado el buen vino hasta ahora." En aquellos años, era la costumbre común servir el vino mejor al principio de la celebración, y guardar el vino no tan bueno para después. En verdad usar estas palabras para argumentar el caso para vino alcohólico es ilógico.

Esos invitados reconocieron que el vino (jugo) que Jesús hizo y sirvió era mucho mejor que lo que se sirvió al principio. Los invitados confirmaron que ellos habían tomado "mucho vino." Si el vino que tomaron hubiera sido alcohólico, ellos se hubieran emborracho ya. **Un borracho no distingue el buen vino del vino inferior. ¡Él está borracho! Un borracho no sería juez justo de lo que era bueno y lo que eran inferior.** La verdad es que, ni el vino que tomaron al principio, ni el vino (jugo) que hizo Jesús eran vinos alcohólicos.

La razón número nueve se halla en éste mismo pasaje: El Señor Jesucristo no hubiera recibido gloria por haber hecho uno borrachos más borracho. El versículo 11 es muy importante cuando declara que por medio de este milagro, "Jesús manifestó Su gloria." El versículo 10 indica que las personas ya habían tomado bastante del vino provisto para los invitados. Si fuera vino alcohólico ellos se hallarían borrachos o casi borrachos. Si Cristo hubiera hecho vino fermentado, Él hubiera hecho a gente borracha, más borracha, o gente casi borracha totalmente borracha. Esa acción no hubiera manifestado gloria para Él. La gloria de Cristo se manifestaba en Sus obras que glorificaban al Padre **(Juan 15:8)**. ¿Cuál gloria hay en causar a otras personas pecar?

Este capítulo **(Juan 2)** nos presenta **la decima razón.** El hacer borrachos más borracho no habría producido en los discípulos una "fe" más fuerte y firme. El versículo **11** dice que el resultado de lo que Él hizo al convertir el agua en vino, fue que, "...sus discípulos creyeron en Él". Juan 1:41 nuestra que ellos ya habían creído en Él como Mesías; sin embargo ese milagro sirvió para confirmar y profundizar su fe en Él, y que no se había equivocado al seguirle a Él. ¿Podría ser que Él por "hacer unos borrachos más borracho" inspiraría a los discípulos tener más fe? Lo opuesto sería más razonable. **Ellos no esperaban a un Mesías que distribuiría tragos gratis.** Viendo la descripción de este milagro y su resultado, podemos decir que ese vino no era bebida alcohólica.

En conclusión, debemos considerar dos cosas más. En **Romanos 14:21**, un pasaje que hemos visto ya, se enseña que los cristianos debemos abstener absolutamente de bebidas alcohólicas, por la razón de que, "cosa buena es, "...no comer carne, ni beber vino, ni nada en que tu hermano tropiece, o se ofenda, o se debilite." Ya sabemos que algunas personas son candidatos para ser alcohólicos. Por tomar "socialmente," uno, posiblemente anime a otro a comenzar a tomar, y ese individuo posiblemente no podrá tomar solo uno o dos tragos. Los misioneros, turistas, y aun personas que otros respetan y sigan deben recordar eso, especialmente en los lugares donde el alcohol se sirve comúnmente con la comida. ¿Cuándo vamos a despertarnos y reconocer que el alcoholismo es "una maldición, una plaga descontrolada, en el mundo entero. <u>¡Qué abstengamos totalmente de bebidas alcohólicas para no contribuir a que otros tomen y que siguen ese camino de autodestrucción!</u>

La última consideración se halla en **1 Corintios 6:9-10.** Aquí la Biblia enseña que la embriaguez resulta en que uno vaya al infierno. "¿No sabéis que los injustos no heredarán el reino de Dios?...ni los ladrones, no los avaros, <u>ni los borrachos...</u>"

Esto no significa que un ladrón, un avaro, y el borracho nunca pueden salvarse por la fe en Cristo Jesús. En verdad el pasaje dice que algunos de los de Corinto habían cometido estos pecados antes de convertirse. Una persona puede librarse gloriosamente del alcoholismo por recibir a Cristo Jesús como Señor y Salvador, y por seguir Sus enseñanzas. Muchas personas han experimentado esta libertad. Lo más triste es que las personas "comienzan a tomar, y siguen tomando." Muchos rehúsan permitirle a Jesús ser Maestro y Señor. Prefieren que el alcohol sea rey y señor en sus vidas. Los que siguen tomando hasta morir sin Cristo solo pueden esperar una muerte física de borracho y la muerte espiritual, la separación eterna de Dios en la llamas del infierno. "No erréis;…que los injustos no heredarán… el reino de Dios." (1 Corintios 6:9-10). Por favor, no se engañe pensando que el alcohol no es más que un juguete, algo con que divertirse o entretenerse. Entienda que es peor que una culebra venenosa. El alcoholismo destruye vidas, familias, afecta la salud, roba el empleo de uno y condena a la muerte.

Si usted tiene la tentación de comenzar a tomar, o si ya comenzó, si ya toma suficiente para que la familia o los amigos reconozcan que es alcohólico; **¡HAY ESPERANZA! Quiero animarle a recibir a Cristo Jesús como su Señor y Salvador.**

Jesucristo puede perdonar sus pecados y darle libertad. Usted puede conocerle a Él y experimentar la libertad y paz que solo Él puede dar. La Biblia dice en Juan 8:36, "Así que, si el Hijo os libertare, seréis verdaderamente libres."

Hay que reconocer que usted es un pecador en los ojos de Dios. "Por cuanto todos *(usted y yo)*

pecaron, y están destituidos de la gloria de Dios..."
Romanos 3:23

Hay que arrepentirse de su rebelión contra Dios y someterse a Su autoridad. "...si no os arrepentís, todos pereceréis igualmente." **Lucas 13:3**

Hay que recibir a Cristo como su Señor y Salvador. "Mas a todos los que le recibieron, a los que creen en su nombre, les dio potestad de ser hechos hijos de Dios..." **Juan 1:12**

Consideraciones:
1 Corintios 6:20 *"Porque habéis sido comprados por precio; glorificad, pues a Dios en vuestros cuerpos y en vuestro espíritu los cuales son de Dios."*

¿Es tomar vino alcohólico algo que glorifica a Dios en nuestro cuerpo?

1 Corintios 10:31 *"Si, pues, coméis o bebéis, o hacéis otra cosa, hacedlo **todo** para la gloria de Dios."*

¿Es beber vino alcohólico para la gloria de Dios?

¿Estaría dispuesto el tomador de vino a invitar a su pastor a participar con él en tomar? ¿Invitaría al

SEÑOR y SALVADOR a tomar con él? ¿Invitaría a sus hijos y nietos?

¿Es muy sabio tomar vino fermentado? ¿Es apreciar la salud que Dios ha dado? ¿Es, no ser buen mayordomo de lo que Dios ha provisto?

www.ingramcontent.com/pod-product-compliance
Lightning Source LLC
Chambersburg PA
CBHW071800020426
42331CB00008B/2348